Hoax

Eduard Márquez

Il·lustracions de Bartomeu Seguí

editorial cruïlla

Primera edició: maig de 1999
Segona edició: març de 2000

Direcció literària i edició: *Montse Ingla Mas*
Il·lustracions i coberta: *Bartomeu Seguí*

Balmes, 245 - 08006 Barcelona
editorial@cruilla.com

Comercialitza: CESMA, SA
Catalunya i Balears: Sant Boi de Llobregat,
tel. 93 630 84 00
fax 93 630 87 50
C. Valenciana: València, tel. 96 349 80 87
fax 96 347 48 36

ISBN: 84-8286-747-4
DL: M-1.288-2000
Imprès a Espanya / *Printed in Spain*
Impremta SM

A la Marta

1

QUAN els altaveus del parc d'atraccions anuncien l'hora de tancar, la Maria i l'Eloi s'acosten a la sortida sense pressa. No tenen ganes de marxar. S'ho han passat molt bé. Durant tot el dia, han anat d'una punta a l'altra del parc. Del vaixell pirata i l'aeromàgic al castell de la por i les muntanyes russes; de l'avió i el tobogan d'aigua a l'huracà i la sala dels autòmats. Voldrien allargar-ho una mica més, però la dona de la megafonia no para de parlar. Els segueix amb la seva veu metàl·lica: «Hem arribat a les deu del vespre. En aquest moment queden tancades totes les atraccions del parc. Desitgem que hagin passat un bon dia i esperem tornar a veure'ls ben aviat. Bona nit.»

Anant cap a la porta principal, on s'han de trobar amb els pares, l'Eloi i la Maria creuen la sala de jocs. Les màquines de marcians i els cotxes de carreres reposen després d'un dia molt llarg.

La Maria i l'Eloi veuen el coet. Han provat de pujar-hi un munt de vegades, però sempre hi havia molta cua, massa per esperar-se i perdre temps. Ara no hi ha ningú. El coet és de color blanc amb dues ratlles verdes i quatre lletres vermelles. HOAX. L'Eloi i la Maria es miren i, sense pensar-s'hi gens ni mica, s'hi apropen i entren.

–Quina sort, crec que em queda una moneda!

La Maria busca dins de les butxaques dels pantalons.

L'Eloi ajusta la porta i vigila per una de les finestres del coet.

La sala continua buida.

–No ens ha vist ningú.

El coet sembla de debò. Té dos seients, dues palanques de control i molts pilots que s'encenen i s'apaguen.

–Ja la tinc!

La Maria aixeca la moneda i busca el forat per pagar. El troba sota d'un petit rètol groc. «1 moneda de 100 ptes.»

L'Eloi la mira amb un somriure d'orella a orella.

–Ja em pensava que hauríem de marxar sense fer un vol per l'espai. Diuen que sembla de veritat.

Es treuen les motxilles i seuen.

Després d'uns instants de silenci, una veu comença a comptar.

–Deu, nou, vuit...

La Maria i l'Eloi frisen per enlairar-se.

–Set, sis, cinc...

Un brogit de motors omple la cabina. Com més va més eixordador.

–Quatre, tres, dos, u...

El coet tremola com una rentadora a l'hora de centrifugar.

–Zero!

La remor creix.

L'Eloi i la Maria es tapen les orelles.

Un blau molt intens brilla darrere de les finestres, mentre els edificis, els camps i les autopistes s'allunyen i es fan més i més petits. Tot plegat els recorda la sensació de volar amb avió, però molt més de pressa i sorollós.

L'Eloi fa uns ulls com unes taronges.

–Quina passada!

La Maria es mareja. Nota l'estómac a la gola.

–Vols dir que això no corre massa?

De sobte, després d'una mena de tro, el coet accelera encara més. L'aire espurneja com el reflex del sol en un mirall. Una pressió impossible d'aguantar els esclafa contra els seients, els clou les parpelles, els deixa gairebé sense respiració. Fa una calor insuportable.

Durant una bona estona, la Maria i l'Eloi perden el món de vista.

Després, res. Només silenci. Un silenci fosc com l'entrada d'una cova.

2

La MARIA triga a obrir els ulls. El cap li dóna voltes i encara es nota l'estómac fora de lloc.

–Què ha passat?

Ningú no respon. L'envolta una calma tensa.

L'Eloi encara dorm. Plàcidament.

La Maria el sacseja.

–Ep, Eloi, desperta. No és hora de dormir.

La Maria té por que els pugui trobar algú del parc. Pensa que amb tot l'enrenou d'espetecs i d'espurnes no seria gens estrany. Les vegades que s'han apropat al coet per controlar la cua no ha succeït res de tot això. Ni trons ni focs d'artifici. Tampoc no han vist ningú que en sortís marejat. «Ben segur que no els agradarà trobar-nos aquí dins. Encara diran que ho hem espatllat nosaltres.»

La Maria torna a sacsejar l'Eloi. Ara més nerviosa.

–Va, espavila't, hem de sortir d'aquí.

L'Eloi obre els ulls a poc a poc, com fent un gran esforç, i la mira sense entendre res.

–On som?

Per les finestres poden veure un cel negre i ple d'estels. El mateix cel del planetari o de les pel·lícules d'aventures espacials. Només hi falta algun cometa amb una llarga cua de foc o alguna nau brillant. Tot sembla que es mogui a càmera lenta.

L'Eloi no s'ho acaba de creure.

–Per ser un vídeo...

La Maria s'impacienta. S'aixeca i es posa la motxilla.

–Sí, però hem de tocar el dos. Tot això ha fet massa xivarri.

L'Eloi, bocabadat, no l'escolta.

–...és força real. Sembla que es pugui tocar.

La Maria prova d'obrir la porta. No pot. Ho prova de nou.

–La porta s'ha encallat.

L'Eloi ho intenta, però tampoc no pot fer-hi res.

–Haurem de demanar ajuda.

Mira per la finestra. La sala de jocs ha desaparegut. Ni màquines de marcians ni cotxes de carreres. Pertot arreu només un cel negre i ple d'estels.

–Quina passada!

L'Eloi no pot apartar els ulls de l'espai sense fi que els envolta.

La Maria nega amb el cap i, força a contracor, també enganxa el nas al vidre.

HOAX

–Però això no pot ser... Algú ens vol fer creure que hem sortit volant.

Tot i que no sap per què, la Maria està convençuda que d'un moment a l'altre apareixerà l'encarregat de l'atracció i obrirà la porta. «Deu ser la manera que tenen d'enxampar la gent que fa el viu. Com nosaltres.»

L'Eloi no sembla donar-hi cap importància. Ara com ara, no pensa en res. Al·lucina amb el paisatge.

–Mai no m'ho havia imaginat tan gran. No hi ha manera de saber on acaba.

La Maria s'allunya de la finestra. Murmura per tranquil·litzar-se.

–Calma't. Només és qüestió de temps.

En mirar el rellotge, però, se li enfonsa el món. El parc ha tancat fa molta estona. Li sembla que, si es tracta d'un escarment, en fan un gra massa. Pensa en els pares, esperant-los a la porta principal, i se li fa un nus a la gola.

L'Eloi es tomba.

–Què tens?

La Maria fa per mantenir la serenor, però li és impossible, sobretot quan veu la cara despreocupada de l'Eloi.

–Que què tinc? Això no és cap broma! Ja fa estona que el parc ha plegat i aquí no ha vingut ningú.

L'Eloi busca la manera de mostrar-se convincent.

–Potser s'han oblidat de nosaltres. Haurem d'esperar. No podem fer-hi més.

La Maria s'adona que l'Eloi encara no ha entès el que està passant.

–Esperar què?

–Doncs que obrin el parc.

–Però si no es tracta del parc. Estem penjats aquí dalt. Tot això no és un vídeo. Estem volant per l'espai. De debò.

L'Eloi torna a mirar per la finestra i la immensitat ja no li sembla tan fantàstica. No veure'n el final el corglaça.

Tot d'un plegat, creixent com la remor d'un avió que s'apropa a la pista d'aterratge, una fressa esglaiadora els fa posar els cabells de punta.

3

–QUÈ és això?

La Maria mai no havia sentit res de semblant.

–No ho sé.

A través del vidre que els separa de la foscor estelada, veuen un forat negre, una mena de boca que xucla tot el que s'hi acosta. Com el desguàs d'una pica de cuina quan s'empassa l'aigua bruta després d'haver rentat els plats. Una munió d'objectes s'hi apropa donant voltes.

La Maria té una esgarrifança de por.

L'Eloi, palplantat, no pot deixar de mirar els objectes que els envolten. N'hi ha pertot arreu. Es pregunta d'on poden haver-ne sortit tants. Satèl·lits i meteorits, avions i vaixells, animals i arbres, mobles i electrodomèstics, joguines i llibres, llaminadures i calcomanies.

El coet vibra i comença a giravoltar. Com una baldufa. Al principi, es mou lentament. A mesura que s'aproxima a la gola que l'espera, però, va més de pressa. Més i més de pressa.

La Maria i l'Eloi no poden mantenir-se drets.

L'estrèpit, greu i persistent, creix com un terratrèmol.

La Maria s'agafa al seient amb totes les seves forces. Durant uns instants, se sent fora de perill. Quan el coet gira, però, queda penjada. Els peus ballen en el buit. Les mans i els braços li fan mal. No aguanten el pes. La Maria es deixa anar.

Els llums de la cabina s'encenen i s'apaguen.

L'Eloi, amb els ulls i la boca molt oberts, queda esclafat contra una de les finestres. Veu passar vagons de tren i bicicletes, bústies i fanals, fruites i ampolles, estàtues i fonts.

Els objectes xoquen contra el coet.

La idea de desaparèixer dins del forat negre encongeix el cor de la Maria. Un poti-poti de records i d'emocions li roda pel cap. Voldria aclucar els ulls i adormir-se, com quan les ombres de la seva habitació li fan una mala passada.

L'Eloi atrapa al vol una mà de la Maria i s'hi aferra. Durant uns segons, els envaeix una sensació de confiança, de seguretat.

Però l'embranzida giratòria del coet els separa.

El forat negre, com la boca d'una balena dejuna, ho engoleix tot.

Després d'una estrebada, però, el coet es queda immòbil. Alguna força desconeguda, amb un zum-zum similar al del motor d'una nevera, el manté quiet davant per davant del forat. A ben poca distància. Els altres objectes passen de llarg i desapareixen dins de la negror.

L'Eloi i la Maria s'incorporen a poc a poc, en silenci, expectants.

En un estira i arronsa que se'ls fa etern, el forat negre i la força desconeguda lluiten per apoderar-se del coet.

Els vidres i les parets que els protegeixen de l'exterior es deformen. Sembla que hagin de trencar-se en mil bocins.

La Maria s'imagina flotant per sempre, perduda enmig d'un ramat de planetes i de galàxies.

L'Eloi es mossega les ungles.

La força desconeguda, pam a pam, allunya el coet del buit xuclador.

El forat negre brama com un monstre ferit.

La Maria i l'Eloi no gosen fer res. Pendents de qualsevol moviment, esperen sense badar boca.

La Maria, fins i tot, aguanta la respiració. «No sigui que tot comenci altra vegada.»

De mica en mica, torna la quietud.

La remor d'avió apropant-se a la pista d'aterratge es dilueix en la foscor.

La Maria i l'Eloi, intrigats, miren per la finestra.

La força desconeguda ha sortit d'una nau rodona i amb un munt de llums que fan pampallugues. En allunyar-se, l'Eloi i la Maria poden llegir-hi, vermelles sobre fons blanc, les mateixes quatre lletres del seu coet. HOAX.

4

DURANT MOLTA ESTONA, la Maria i l'Eloi no parlen. No saben què dir-se. L'ensurt del forat negre els ha deixat massa neguitosos. Els empaita com un malson.

L'Eloi barrina. Li sembla que ha obert un àlbum de preguntes sense resposta. Qui els ha salvat? Per què? Quina relació tenen amb el coet del parc d'atraccions? Què vol dir «HOAX»? Tot plegat el fa posar nerviós.

La Maria comença a estar-ne tipa. Sempre havia volgut viure una aventura de veritat. Ara, però, ja no li fa tanta gràcia. Una cosa és llegir-la abans de dormir o veure-la a la pantalla del cinema, i una altra de ben diferent trobar-s'hi. I a més a més sense voler. Aquí no hi ha l'escalfor acollidora del llit, ni els llums que s'encenen al final de la pel·lícula. El que donaria ara per ser a casa, a punt d'esmorzar o de sortir amb els amics.

–Segur que ja vénen a rescatar-nos. El millor

que podem fer és esperar tranquil·lament. Tot s'arreglarà.

L'Eloi no sembla gaire convençut. A més a més, la panxa li fa rau-rau.

–Sí, però tinc gana.

La Maria regira la motxilla i en treu un entrepà, un plàtan ennegrit i una ampolla d'aigua mig plena. Li han sobrat de l'hora de dinar.

–Sort que la mare sempre prepara menjar de més.

L'Eloi fa cara de pomes agres.

–I què vols fer amb tot això?

La Maria parteix l'entrepà en dos trossos.

–Doncs matar la gana.

L'Eloi agafa la seva meitat i la devora amb dues mossegades.

–Quin empatx!

La Maria, dolguda pel to despectiu de l'Eloi, vol mantenir la calma, però no se'n surt.

–No et queixis. Al cap i a la fi, som aquí dalt per culpa teva.

–Culpa meva?

La Maria ja no es talla. Algú ha de pagar els plats trencats.

–Sí, culpa teva. Tot el dia igual. Que si el coet, que si potser ara no hi ha cua, que diuen que sembla de debò...

L'Eloi triga a respondre. Li agrada dir l'última paraula.

–Sí, però la moneda era teva.

Un silenci incòmode omple la cabina.

La Maria i l'Eloi es miren fixament. Com sempre que discuteixen, només han d'esperar que un dels dos, avergonyit per la situació, comenci a riure per sota el nas. Com ara. La Maria és la primera. I l'Eloi s'hi afegeix amb una rialla sorollosa.

El coet, mentrestant, ha continuat fent via.

Per una de les finestres passa un planeta.

5

–HAS VIST el mateix que jo?

L'Eloi es planta davant de la finestra amb dues gambades. La Maria el segueix. Per primera vegada d'ençà que roden per l'espai, troben un planeta. Però no té res a veure amb els que surten als llibres de l'escola o a la televisió: els cràters secs de la Lluna o de Mercuri o l'aspecte nebulós de Venus o de Júpiter. Els recorda, més aviat, les imatges de la Terra que han pogut contemplar un munt de vegades.

–És la Terra?

–Em penso molt que no.

El planeta és força més petit i no és blavós. És verd, d'un verd intens, semblant al de les fotografies de la selva fetes des d'un avió.

De cop i volta, sobre la superfície verda, s'encenen unes lletres. Una rere l'altra: una H vermella, una O blava, una A groga, una X taronja. Com si fos l'anunci d'un bar o d'una botiga, la paraula s'encén i s'apaga unes quantes vegades seguides: HOAX, HOAX, HOAX, HOAX... I tornen a començar les lletres. Una rere l'altra.

La Maria té el cap fet un embolic. Li agradaria que algú triés per ella.

–Què fem ara?

–No ho sé.

La Maria guaita el planeta i l'Eloi. Va de l'un a l'altre sense empescar-se cap solució.

–Qui pot viure aquí dalt?

L'Eloi no treu els ulls del rètol lluminós.

–Ni idea, però, sigui el que sigui, ens ha salvat de la xucladora.

La Maria vacil·la.

–Potser perquè volen que els agafem confiança.

–Per què?

–I jo què sé! Per cuinar-nos, per exhibir-nos en un zoo, per fer experiments...

L'Eloi passeja d'una punta a l'altra del coet. Arrufa les celles.

–Ja ho haurien fet, no?

–Potser sí.

Les lletres del planeta continuen encenent-se i apagant-se. El coet se n'allunya.

L'Eloi l'assenyala amb el dit.

–Ells o quedar-nos donant voltes, sols i sense menjar.

La Maria dubta.

L'Eloi insisteix, encara amb el dit apuntant cap al planeta.

–Val més això que res. I si no ens decidim aviat el perdrem de vista.

La Maria diu que sí amb el cap.

–Va, doncs.

D'un salt, l'Eloi seu davant d'una de les palanques de control i la mou.

El coet vira.

La Maria somriu, alleujada.

L'Eloi respira fondo. No es pensava que fos tan fàcil.

A mesura que s'aproximen al planeta, el coet agafa velocitat.

L'Eloi remena botons i palanques, però no pot fer res per alentir el descens.

La Maria intenta ajudar-lo.

–Em sembla que tenim un problema.

La verdor s'acosta com un llamp.

L'Eloi i la Maria criden. La por els fa tancar els ulls.

6

DURANT UNS INSTANTS, els envolta un espetec de branques que es trenquen.

La Maria i l'Eloi s'aferren als braços dels seients.

Les parets del coet grinyolen. Un dels vidres es trenca. Els pilots dels aparells de comandament s'apaguen.

Fins que una branca atura la caiguda.

L'Eloi i la Maria obren els ulls. Els encercla una teranyina molt atapeïda de fulles. Costa saber què hi ha més enllà de la brancada. Només quan miren amunt, seguint el traç que ha deixat el coet, poden veure al fons un cel blau com el de la Terra.

La Maria i l'Eloi s'espolsen els trossos de vidre. La porta continua encallada. Amb cura de no tallar-se, surten del coet per la finestra trencada i seuen en una de les branques. Al principi els costa de respirar. L'aire és més dens.

No es distingeix el terra. És un arbre altíssim.

L'Eloi recorda les motxilles i entra dins del coet per recollir-les.

La Maria recolza l'espatlla al tronc de l'arbre i es frega una rascada.

–Vés amb compte.

No sap per què ho ha dit.

Quan l'Eloi és dins de la cabina, la branca que aguanta el coet cedeix. Les fulles el xuclen i tornen al seu lloc amb una remor suau.

L'Eloi no veu res. Amb prou feines pot esquivar els branquillons punxeguts que entren per la finestra sense vidre. Es prepara per a la trompada final recitant la taula del 8. És un truc que normalment li funciona quan té por.

–Vuit per un, vuit; vuit per dos, setze...

Els segons s'allarguen com una goma elàstica.

Fins que una altra branca, més gruixuda que la primera, el para.

La Maria, amb l'ai al cor, triga a reaccionar.

–Eloi, Eloi!, Eloi!!

Sense mirar-s'hi gens ni mica, baixa fins al coet.

L'Eloi, blanc com un full de paper, la rep amb un somriure forçat.

–Vuit per set, cinquanta-sis; vuit per vuit, seixanta-quatre...

La Maria agafa les motxilles i l'ajuda a sortir.

–Apa, que t'has estalviat un bon tros de baixada.

–Vuit per nou, setanta-dos; vuit per deu, vuitanta...

L'Eloi sembla encara fora d'òrbita.

Mentre espera que li torni el color, la Maria observa les fulles. Són com caputxes i s'agrupen formant una mena d'hèlix. Li agraden. En guarda una a la motxilla.

Quan l'Eloi es refà, comencen el descens a peu. No és gaire difícil. Les branques estan prou juntes. Només de tant en tant han de fer algun salt una mica perillós, però, després de tot el que han passat, ja no els fa res.

Al cap d'una estona, ja prop del final, seuen per descansar.

L'Eloi té de tot. Una barreja de morats, fam, set i ganes de marxar cap a casa.

–Bufa, quin arbre! No s'acaba mai!

La Maria, amb el dit a la boca, li fa que calli. Ha sentit un soroll. Vigila atentament entre les fulles.

Un ós passa per sota de l'arbre.

La Maria i l'Eloi aguanten la respiració.

L'ós s'atura i ensuma.

7

L'ELOI es frega els ulls.

–Això és massa. N'estic ben tip. Plego.

La Maria li dóna un cop de colze.

–Calla. Vols que ens senti?

El pelatge de l'ós és d'un gris lluent i les urpes brillen com diamants.

L'Eloi i la Maria no gosen moure's.

L'ós jeu i mandreja damunt de l'herba.

Les hores passen. L'escorça de l'arbre se'ls clava a les cuixes. Les cames s'adormen.

La Maria i l'Eloi no saben què fer. «Potser estàvem millor al coet», pensa la Maria. «No ens havíem de preocupar de les migdiades d'una bèstia salvatge. Si, com a mínim, anés a fer el manta a un altre lloc, potser podríem fer alguna cosa més divertida.»

Com si l'hagués sentit, l'ós s'incorpora i comença a caminar, feixuc i sense pressa.

L'Eloi i la Maria, impacients, esperen. Fins que els sembla que l'ós ja deu ser prou lluny.

La Maria no hi dóna gaires voltes.

–Ara és la nostra!

L'Eloi, adolorit, la segueix arbre avall.

–No corris tant!

Quan arriben a terra, salten i s'abracen com si haguessin guanyat la final d'algun concurs.

Són enmig d'un bosc molt espès. Tot i que els arbres són força alts, hi ha prou claror. Com si les fulles, fent de mirall, es passessin les unes a les altres la llum del sol i la duguessin del cel fins a terra. Els troncs són immensos. L'Eloi recorda haver-ne vist fotografies.

–Si féssim un túnel, hi cabria un cotxe.

La Maria no l'escolta. Vol buscar menjar i un lloc per dormir. No li agradaria fer-ho al ras. Però no té temps de parlar-ne amb l'Eloi.

L'ós treu el cap per darrere d'un tronc i camina cap a ells.

La Maria i l'Eloi reculen amb cara d'esglai.

L'ós s'acosta.

L'Eloi i la Maria topen d'esquena amb un tronc. Voldrien fondre's.

L'ós és gairebé a tocar. Poden sentir-ne la respiració. Però no fa res del que esperen. No es posa dret sobre les potes del darrere; no ensenya els ullals ni fa cap esbramec. Res de res. Somriu, els llepa les galtes i s'estira panxa enlaire, amb ganes de jugar.

La Maria i l'Eloi es miren sorpresos.

–Ara sí que no entenc res.

–Jo tampoc.

Lentament, sense perdre'l de vista, voregen l'ós i se n'allunyen, però no saben cap on tirar.

L'ós s'aixeca i els segueix a poca distància.

La Maria s'hi repensa.

–Si marxem d'aquí, com trobarem l'arbre on ha quedat el coet?

L'Eloi obre la motxilla, treu l'esprai per pintar cabells que ha guanyat al tir al blanc del parc d'atraccions i dibuixa una fletxa de color groc fosforescent en un dels troncs.

–Farem com el Polzet.

Uns quants arbres més enllà, senten el clapoteig d'un rierol. S'hi amorren delerosos i beuen.

La Maria se n'aparta fent una ganyota de fàstic.

–Però què és això?

L'Eloi tampoc no sembla gaire satisfet.

–No sé, té gust de..., de...

Torna a tastar-ho.

–...tomàquet!

Darrere seu, l'ós riu per sota el nas.

L'Eloi i la Maria, fent escarafalls, beuen fins a tenir la panxa ben plena.

Mentre omple l'ampolla, la Maria pensa en veu alta.

–No hi ha qui ho entengui, tot això. Un ós juganer, l'aigua amb gust de tomàquet...

L'Eloi veu passar una papallona molt virolada i allarga la mà per agafar-la.

L'ós l'hi aparta d'un cop de pota.

La Maria i l'Eloi l'observen amb uns ulls com unes taronges.

La papallona se'n va volant.

8

–AQUÍ res no és el que sembla.

La veu de l'ós és ronca.

La sorpresa immobilitza l'Eloi i la Maria. Queden com estàtues. Muts.

L'ós parla com si res, com si el més normal del món fos topar amb animals xerraires.

–Heu d'anar amb compte. L'aigua és suc de tomàquet, la papallona és una aranya verinosa... Ara que heu arribat fins aquí, no es tracta que tot se'n vagi en orris per culpa d'una badada. M'han enviat per protegir-vos.

L'Eloi és el primer que s'atreveix a preguntar.

–Qui?

–HOAX.

–Per què?

–Us necessitem.

La Maria ja no pot més. Sentir parlar l'ós l'encén.

–I tu qui ets? L'ànec Donald?

L'ós, estranyat pel to antipàtic de la Maria, tira pilotes fora.

–És una història molt llarga. Suposo que primer voldreu sopar.

Només de pensar-hi, a l'Eloi i a la Maria se'ls fa la boca aigua.

L'ós travessa el rierol.

–Anem?

La Maria i l'Eloi, saltant de pedra en pedra, el segueixen.

Caminen força estona i, ja amb l'última claror del dia il·luminant les fletxes fosforescents de l'Eloi, arriben a un arbre convertit en casa. No hi han fet un túnel perquè hi passin els cotxes, sinó habitacions, escales, portes i finestres. Quan hi entren, els rep una taula parada al mig d'una sala.

L'ós els convida a seure i, fent de cambrer, recita el menú.

–Tenim sopa d'ortiga, crancs farcits de salmó cru, bledes saltejades amb llengua de bou, truita de cervell, gelat de pomelo amb grans de pebre verd i batut de coliflor.

L'Eloi i la Maria no s'acaben de decidir.

L'ós seu i es lliga el tovalló al coll.

–Recordeu que res no és el que sembla.

La Maria i l'Eloi s'arrisquen. La gana pot més que les manies. A més a més, no triguen a descobrir que el sabor del que mengen no encaixa amb el que tenen al plat. La sopa d'ortiga té gust de gelat de maduixa; els crancs farcits, d'espaguetis; les bledes, d'hamburguesa; la truita, d'amanida; el gelat, de canelons; el batut de coliflor, de taronjada.

L'Eloi i la Maria endrapen com lladres. Sense parlar.

L'ós els observa encuriosit.

Amb l'estómac ple, la Maria i l'Eloi ho veuen tot d'un altre color.

La Maria, ara més amable, ho prova una altra vegada.

–I tu qui ets?

Els ulls de l'ós s'encenen d'alegria. Pensava que ja s'havien oblidat de la seva història. Li agrada molt explicar-la.

–No sóc l'ànec Donald, però sí un mag amb mala sort. Tot va començar fa molt de temps. La màgia sempre m'ha agradat. Ja de ben menut copiava els encanteris que veia per la televisió d'altres planetes o n'inventava de nous. Un dels meus primers èxits va ser fer desaparèixer el meu germà petit. Vaig trigar dos mesos a poder-lo fer tornar. La meva mare encara en parla sempre que pot. La gent no se'n refiava gaire. Jo era el primer mag d'HOAX. Per això vaig continuar fent la meva una mica d'amagatotis. Aprenent i millorant. En notar-me prou segur, vaig pensar que ja era el moment de fer-la grossa. Només havia de preparar un espectacle per deixar-los de pedra. Una transformació. Ho havia fet un munt de vegades: sortia a l'escenari, bevia un glop de la poció màgica i em convertia en un animal. Vaig triar l'ós gris perquè diuen que és el més ferotge. Volia impressionar-los. Sempre havia funcionat. Després dels assajos, només era qüestió d'esperar. Tard o d'hora, recuperava el meu aspecte normal. La nit de la representació, però, per evitar qualsevol sorpresa desagradable, vaig beure més poció del compte. Tot va anar com una seda. Van aplaudir com bojos. Drets. Fins i tot vaig signar autògrafs. En acabar l'espectacle, però, em vaig quedar així. No és que no m'agradin els óssos, al principi fins i tot em feia una certa il·lusió això de ser diferent, però ara ja n'estic fart. Preferiria ser com tothom. A més, amb tant de pèl, em costa molt pentinar-me.

L'ós, amb la mirada perduda, sospira. Trist.

La Maria i l'Eloi se'n compadeixen.

–I no pots fer-hi res?

–Ara com ara, no. Tinc la fórmula del beuratge per tornar a ser com abans, però em falta un ingredient: purpurina d'ala de fada. He provat de fer-la al laboratori, perquè aquí, a HOAX, no n'hi ha, de fades, però no me'n surto. Impossible.

L'Eloi i la Maria no saben què dir. A més a més, tenen tanta son que els ulls es tanquen sense voler.

L'ós els acompanya a una habitació amb dos llits.

–Bé, prou xerrameca. A dormir. Demà serà un dia molt llarg.

9

ALGÚ truca a la porta.

La Maria i l'Eloi es desperten. Els costa situar-se.

La llum del matí entra a dojo per la finestra.

Algú torna a trucar.

L'Eloi i la Maria es lleven. En creuar el menjador, troben la taula parada amb l'esmorzar.

L'olor de xocolata i de pastes acabades de fer no s'adiu amb el que hi ha damunt de les estovalles (carxofes amb safrà, cigrons amb tàperes i iogurt de blat de moro), però ja no els sorprèn res.

L'Eloi, intrigat, tasta un cigró. Té gust d'ensaïmada farcida de cabell d'àngel.

La Maria obre la porta.

La saluden dos extraterrestres idèntics com dues gotes d'aigua.

–Bon dia.

La Maria mai no se'ls havia imaginat així. Ni antenes, ni el cap gros, ni la pell rugosa, ni tres dits a les mans. Són com l'Eloi i la Maria, però amb els ulls de color taronja, les orelles en forma de trèvol i un clotet a la barbeta.

–Bon dia.

L'Eloi s'ennuega.

La Maria, embadalida, contesta amb un fil de veu.

–Bon dia.

Un dels dos extraterrestres fa les presentacions.

–Benvinguts a HOAX. Em dic Barsanufi. Ella és la Merudina. Espero que no sigui massa d'hora.

La Maria els convida a passar.

–No, no, ja hem dormit prou.

El Barsanufi i la Merudina entren.

L'Eloi intenta distingir-los.

–Sou bessons?

La Merudina té la mateixa veu que el Barsanufi, una veu que no és ni d'home ni de dona.

–No exactament. Aquí tothom és igual. Com nosaltres.

La Maria no s'ho pot imaginar. «Ha de ser un embolic, això. Que difícil viure en un lloc on tothom fos com jo.» Sempre ho ha pensat dels xinesos, que li semblen tots iguals, però ara ho veu encara més complicat.

–I com us ho feu per saber qui és qui?

La Merudina somriu.

–És fàcil. Fem servir altres coses. El pentinat, la roba, el nom...

L'Eloi la interromp.

–La roba?

–Sí, com els equips de qualsevol esport. Cada família té uns colors i un dibuix: quadres, ratlles, rombes, flors...

La Maria continua rumiant.

–I els noms?

–No n'hi ha cap de repetit. Cada vegada que neix un nen, hem d'inventar-ne un.

El Barsanufi mira la taula parada.

–Però no feu compliments, podeu esmorzar mentre parlem.

L'Eloi i la Maria no s'ho fan repetir. Seuen i mengen.

La Maria assaboreix el iogurt de blat de moro.

–Mmmm, quina xocolata més bona... En voleu?

El Barsanufi es mostra impacient. Vol anar per feina.

–No, no, gràcies. Hauríem de parlar.

Tots callen.

El Barsanufi també seu.

–Us hem fet venir fins aquí perquè ens doneu un cop de mà.

La Maria es llepa els llavis.

–Fent què?

–Tornant a la Terra un cangur.

10

–QUIN CANGUR?

La Maria i l'Eloi han fet la pregunta alhora.

El Barsanufi estossega per aclarir-se la veu.

–L'únic cangur d'HOAX. Al principi, en trobar-lo, no vam entendre res. No sabíem d'on havia sortit aquell animal tan estrany. Les potes, la cua, la bossa... No n'havíem vist mai cap. Va ser tota una sorpresa. Després vam esbrinar que un coet de la Terra, carregat d'animals, en va perdre uns quants mentre feia experiments a l'espai. Per sort, aquí només va arribar el cangur, perquè, de llavors ençà, no hem tornat a estar tranquils. És un desastre. Com ja sabeu, aquí res no és el que sembla. El menjar no té mai el gust que espera. No pot refiar-se de cap dels animals que coneix. Tot li és un problema.

L'Eloi i la Maria, pendents del que explica el Barsanufi, deixen de menjar.

La Merudina s'afegeix a la narració.

–Ens fa malbé els horts i les collites. Entra a les cases buscant menjar i ho trinxa tot amb els seus salts. Surt de qualsevol racó de la carretera i provoca accidents. Els més petits li tenen pànic: estan convençuts que s'emporta els nens a la bossa de la panxa.

El Barsanufi reprèn el fil.

–No hi ha per on agafar-ho. Perquè, a més a més, ha aconseguit que ens barralléssim. Al començament, per saber què fer, vam proposar una votació. Van sortir-ne dos grups: els que volien enllestir el problema matant el cangur i els que volíem donar-li temps perquè s'hi acostumés. Per ben poc, vam guanyar els que estàvem a favor de deixar-lo viure entre nosaltres. Però la veritat és que no hi ha manera. El cangur no se'n surt. Va boig.

La Merudina li pren la paraula.

–Sempre que fa una malifeta, i en fa força sovint, els que van perdre s'enfaden i ens donen la culpa. Se'ls està acabant la paciència. No podem continuar així. Cada dia hi ha més gent que no es parla.

La Maria es queda pensarosa.

A l'Eloi, tot plegat, no li sembla tan difícil de resoldre.

–I per què no el torneu a la Terra?

El Barsanufi agafa una carxofa i la mossega. Mastega sense pressa.

–D'això es tracta, de tornar-lo a la Terra, però

no el volem abandonar sol en una nau. És capaç d'anar a parar a qualsevol altra banda. I així no solucionem el problema. L'únic lloc on pot estar bé és a casa seva...

La Merudina el talla.

–I aquí entreu vosaltres.

La Maria els mira. Ara l'un, ara l'altra.

–I on és el cangur?

Silenci llarg.

El Barsanufi contesta amb la boca petita.

–Encara no l'hem pogut caçar.

11

L'ÓS entra esbufegant.

–Han vist el cangur!

El Barsanufi s'aixeca d'una revolada amb la cara de les bones notícies.

–On?

L'ós seu i pren un grapat de cigrons.

–Prop de la vall dels esquirols.

La cara del Barsanufi canvia de sobte.

–Doncs si el volem salvar, haurem de córrer.

El Barsanufi surt de la casa.

La Merudina s'hi apunta.

–Som-hi!

La Maria i l'Eloi miren l'ós.

–Què passa?

L'ós pren un altre grapat de cigrons.

–En parlarem pel camí.

Davant de l'arbre hi ha aparcada una mena de moto d'aigua. L'ós hi puja i deixa lloc al seient per a l'Eloi i la Maria. Quan engega el motor, l'aparell s'enlaira un pam de terra i enfila el camí sense fer soroll. El Barsanufi i la Merudina, damunt d'un estri similar, ja són bosc enllà. L'ós els segueix a tot gas.

–Agafeu-vos fort!

La Maria i l'Eloi, poc convençuts de la traça de l'ós, no s'ho fan dir dues vegades. Mai no havien vist passar els arbres a tanta velocitat. L'aire els pica amb força a la cara. Els ulls ploren.

La Maria, per no distreure l'ós, no gosa preguntar res.

L'Eloi, però, no se'n pot estar.

–Tant enrenou per uns esquirols?

L'ós el mira de reüll.

–Aquí els esquirols són com piranyes. S'ho cruspeixen tot en un tancar i obrir d'ulls. De la seva vall no en surt res viu.

Al cap d'una estona, entren en una ciutat. Els edificis, construïts dins dels arbres immensos, s'aixequen com gratacels i formen carrers i avingudes, plens de cotxes i de motos flotants. La resta s'assembla força a la ciutat de l'Eloi i de la Maria: voreres, anuncis, botigues, bars, semàfors, fanals, parades d'autobús i bústies. La gent és tota com el Barsanufi i la Merudina. Idèntica. Només canvien la forma o el color dels cabells i la roba.

L'ós aparca davant d'un edifici.

La Merudina i el Barsanufi, amb cara de preocupació, són a l'entrada.

–El cangur és massa a prop de la vall. L'hem d'atrapar abans que li passi res. Agafarem el transbordador ultraràpid. Ja és tot a punt.

Caminant per un laberint de passadissos, arriben a una sala amb una cabina plena de tubs i de ventiladors.

Mentre el Barsanufi comprova els comandaments de l'aparell, la Merudina es penja al coll un medalló semblant a una calculadora i en prepara un altre.

La Maria fa números. «Només prepara dos estris d'aquests. Això vol dir que no hi va tothom.»

–Qui es queda?

La Merudina omple una motxilla amb un mapa, una brúixola, una lot i una corda.

–Això és massa perillós per a vosaltres.

Les galtes de la Maria s'encenen. Li passa sempre que s'empipa. No ho pot dissimular.

–Ara que comença la diversió, jo no penso quedar-me. O tot o res. No vull fer només de taxista d'un cangur de retorn a la Terra.

L'Eloi també es mostra decidit.

–Jo tampoc.

El Barsanufi i la Merudina xiuxiuegen en un racó de la sala.

Quan acaben de parlar, el Barsanufi s'apropa a l'Eloi i a la Maria i els mira de fit a fit.

–D'acord, podeu venir amb nosaltres, però no oblideu que no és cap joc.

La Maria somriu agraïda.

–I l'ós?

–No, ell no. El necessitem aquí per poder tornar.

La Merudina treu dos medallons més d'un estoig i els atansa a la Maria i a l'Eloi.

–Què és això?

–Un protector d'última generació. Tant de bo no l'hagueu d'utilitzar!

12

DINS DE LA CABINA, hi fa tanta calor que costa de respirar. El Barsanufi, la Merudina, l'Eloi i la Maria suen. Les motxilles s'enganxen a l'esquena.

L'ós, davant de les palanques de control, els vigila des de l'altre costat del vidre i espera el senyal del Barsanufi.

–Llestos?

Tots diuen que sí amb el cap. La Maria i l'Eloi tenen els nervis a la panxa.

El Barsanufi ensenya la mà oberta a l'ós. L'un rere l'altre, tanca els dits. Quan abaixa l'últim, l'ós mou lentament una de les palanques.

La cabina vibra. Els tubs i els ventiladors fan un brunzit creixent.

L'Eloi i la Maria noten un pessigolleig pertot arreu i, en aclucar els ulls, veuen guspires de tots colors. Les orelles es tapen i els cossos, començant pels peus, desapareixen de mica en mica, com si algú els esborrés amb una goma gegant.

El trajecte no dura gaire, amb prou feines el temps de comptar fins a deu.

En arribar a lloc, els cossos, començant pel cap, apareixen de mica en mica.

La Maria i l'Eloi, gens acostumats a viatjar d'aquesta manera, triguen a refer-se. El pessigolleig i les coloraines duren una bona estona. Tot dóna voltes.

La Merudina i el Barsanufi saben que no s'hi pot fer res.

L'Eloi i la Maria han de seure.

–Sempre és igual?

–No, només les primeres vegades.

A poc a poc, però, la Maria i l'Eloi surten del mareig i poden cloure els ulls sense tenir la sensació d'estar a punt de caure per un precipici.

Són davant d'una paret amb una esquerda prou ampla per passar-hi caminant.

La Merudina treu el mapa de la motxilla i el consulta.

–La vall dels esquirols és al final del congost. No crec que hi hagi gaire més de cinc minuts.

Mentrestant, el Barsanufi mira i remira per terra.

–Hem fet tard. Ja és dins. Haurem de seguir les petjades.

El congost és llòbrec i fred. La llum i l'escalfor del sol hi arriben sense força. Les passes ressonen i, de tant en tant, se sent el crit d'algun animal.

L'Eloi i la Maria caminen entre el Barsanufi i la Merudina. Callen. Voldrien dir o fer alguna cosa per espolsar-se la por, però no els surt. Els cinc minuts es fan eterns.

Al final de la gorja, el paisatge no és com el que han vist fins ara. És feréstec. La llum sembla bruta. Els arbres, d'un verd descolorit, creixen fent formes estranyes. La terra i les pedres són d'un gris blanquinós, com si algú hi hagués llençat les cendres d'una llar de foc. El silenci és espès.

La Merudina parla en veu baixa.

–Sobretot, no us separeu de nosaltres i, si us ataquen els esquirols, premeu la tecla cinc del medalló.

La Maria, l'Eloi i la Merudina, a l'aguait de qualsevol remor o moviment, segueixen el Barsanufi. No tenen prou ulls per vigilar-ho tot.

El Barsanufi avança lentament; a vegades, retrocedeix. Els salts del cangur fan que sigui difícil seguir-ne la pista.

En arribar a una clariana del bosc, el Barsanufi s'atura i es grata el cap. Les petjades han desaparegut.

–No podem perdre temps. Ens haurem de separar per retrobar el rastre del cangur. Aneu molt en compte. Pot ser una trampa.

La Merudina els mostra el seu medalló.

–No ho oblideu. El número cinc.

Mentre busca entre els matolls, la Maria pensa que potser ha estat un error no quedar-se amb l'ós. «Em cau bé i m'agrada escoltar-lo. A més a més, no hauria d'estar pendent d'una colla d'esquirols golafres.» Li fa l'efecte que l'espien, que un eixam d'ulls controla tots els seus moviments.

L'Eloi s'allunya massa dels altres i bada. Com sempre. No pot evitar-ho: qualsevol cosa el fascina. Prou per no adonar-se d'un forat mig amagat sota l'herba. L'Eloi s'hi aproxima i hi cau.

En sentir-lo xisclar, la Maria, el Barsanufi i la Merudina es giren, però només tenen temps de veure'l desaparèixer.

13

L'ELOI llisca per un pendent de fang i molsa. Crida tant com pot. D'esquena o de panxa, s'agafa a qualsevol sortint, però res no l'atura. Quan arriba a baix, amb una última patacada al cul, té les mans plenes de tiges i de fulles arrencades. Les llença enfadat i brama.

–Maria!, Barsanufi!, Merudina! Que em sent algú?

Només li respon l'eco.

L'Eloi ho intenta una altra vegada.

–Que em sent algú?

Les estalactites i les estalagmites es passen la pregunta com una pilota.

–Que em sent algú? Em sent algú? Sent algú? Algú?

La veu s'apaga i desapareix.

L'Eloi agafa embranzida i puja pel pendent com si fos un tobogan, però patina i cau. Ho prova una vegada i una altra. Fins que les cames ja no poden més.

Esgotat i tremolant de ràbia, es queda assegut a terra. L'ensurt i els cops li fan venir ganes de plorar. Rondina.

–Prou, prou i prou. Vull anar-me'n a casa. No tornaré mai més al parc d'atraccions...

L'Eloi s'eixuga les llàgrimes.

La poca llum que entra de l'exterior il·lumina només un tros de la cova. Més enllà s'estén un espai negre com una gola de llop.

Només el degoteig de l'aigua trenca el silenci fred.

L'Eloi llepa la gota que penja d'una estalactita. Té un gust que li recorda la crema de carbassó que fa la seva mare. Pensar-hi el fa posar de mala lluna, com sempre que té gana o set. A més a més, ara que s'ha recuperat de la caiguda, el comença a amoïnar la idea de passar gaire estona sol dins de la cova. Una bona colla de pensaments foscos i desagradables li balla pel cap: ratpenats xucladors de sang, fantasmes perduts, dolents de pel·lícula, cuques desconegudes.

L'Eloi passeja nerviós pel tros il·luminat de la cova. El neguit l'empeny a moure's, a cercar no sap què. A la frontera de la foscor, alguna cosa blanquinosa l'atreu. S'hi acosta a poc a poc. Amb la boca seca.

En veure l'esquelet, recula espantat i ensopega amb una estalagmita. Cau. S'aixeca d'un salt i corre cap al pendent de fang i molsa per fugir, però no hi arriba. El reté una idea prou encoratjadora.

–Aquest sí que no em pot fer res.

L'Eloi es gira i s'apropa a l'esquelet. La cara i les mans són d'un blanc grogós. La roba d'explorador s'ha destenyit. Al seu costat hi ha una motxilla. L'Eloi l'obre i, una mica a contracor, hi fica la mà. Palpa aguantant la respiració i en treu una lot, una corda i una llibreta.

L'Eloi encén la lot i agafa la llibreta. Les cobertes, ja força gastades, són de cartró i les pàgines, plenes d'anotacions en una llengua que no coneix, tenen taques d'humitat. De tant en tant, enmig dels gargots incomprensibles, hi ha dibuixos de monstres (un drac amb cos de centpeus; una barreja de lleó, cabra i serp; un nan pelut i amb cua; un gegant amb un sol ull enmig del front). A l'última plana escrita, hi ha un mapa. L'Eloi hi reconeix el congost per on han entrat a la vall dels esquirols, la clariana del bosc i la cova on ha caigut, envoltada de galeries subterrànies. Un dels túnels, senyalat amb vermell, arriba fins al centre del laberint.

Un soroll el torna a la realitat.

L'Eloi repassa les parets de la cova amb la llanterna. La primera vegada, no en fa cabal. Passa de llarg. Amb la claror, les estalactites i les estalagmites espurnegen com columnes de gel. La segona vegada, però, un calfred li recorre l'espinada. N'està segur. Uns ulls brillen en la foscor. El miren sense parpellejar.

14

MENTRESTANT, el Barsanufi, la Merudina i la Maria criden pel forat.

–Eloi!

Ningú no respon.

El primer impuls del Barsanufi és deixar-s'hi caure i seguir l'Eloi, però una bellugadissa de branques el reté al costat del clot mig amagat sota l'herba. La Merudina, la Maria i el Barsanufi s'apinyen i observen recelosos els arbres que tanquen la clariana.

Tot d'una, un exèrcit d'esquirols salta de les branques i els ataca. La xiscladissa és esgarrifosa.

La Merudina s'agafa el medalló.

–El número cinc!

La Maria, tremolosa, el pitja.

El medalló emet un brunzit i, en un tres i no res, aïlla la Maria dins d'una càpsula esfèrica de vidre.

Els esquirols hi piquen enfurits. S'hi amunteguen com abelles en un rusc.

La Maria no pot treure els ulls de les dents i de les urpes afilades que xerriquen contra el vidre i li fan posar la pell de gallina, com quan algú rasca amb l'ungla una pissarra. Tem que la protecció del medalló es pugui trencar d'un moment a l'altre. Murmura.

–Que no es trenqui, que no es trenqui, que no es trenqui, que no es trenqui...

La Merudina i el Barsanufi, dins de les càpsules envoltades d'esquirols, tampoc no les tenen totes.

També de sobte, però, com si un domador hagués fet un senyal amb un xiulet inaudible, els esquirols es repleguen i esperen arrenglerats a les branques.

La Maria i la Merudina respiren alleujades. No se'n saben avenir.

El Barsanufi, que sempre barrina, és el primer a parlar. La seva veu sona estranya a través del vidre.

–No ens podem pas quedar aquí.

La Maria el mira intrigada.

–Per què?

El Barsanufi vol aparentar serenor, però la Merudina, que el coneix molt bé, el nota inquiet.

–Per les bateries dels medallons. Els esquirols no tenen cap pressa. Nosaltres depenem de les bateries. Hem d'estalviar energia. Si la gastem tota, no podrem tornar.

La possibilitat de quedar-se a la vall dels esquirols horroritza la Maria. La Merudina se n'adona i procura tranquil·litzar-la amb la mirada. La Maria li ho agraeix amb un somriure forçat.

El Barsanufi inspecciona la clariana.

–Veieu l'entrada d'aquella cova, darrere dels arbres?

La Merudina i la Maria la busquen.

–Sí.

–Doncs hem d'arribar-hi.

La Merudina, el Barsanufi i la Maria corren cap a la cova. En entrar-hi, el Barsanufi pitja les tecles del seu medalló i el deixa al llindar. Un mur de vidre, semblant a l'aparador d'una botiga, els separa de la clariana. Els esquirols que els han seguit hi xoquen i reculen amb la cua entre les cames.

–Ja podeu desconnectar els vostres medallons. Ara com ara, estem en lloc segur. I només gastarem una bateria.

La Merudina no sembla convençuda del tot.

–I què farem?

El Barsanufi calla.

La Maria no vol afegir llenya al foc, però està massa atemorida.

–I l'Eloi?

Silenci.

El Barsanufi camina cap a l'interior de la muntanya. Les teranyines se li enganxen a la cara. En il·luminar el fons de la cova amb la lot, veu un túnel.

–Ara torno.

La Merudina, que no ha parat de vigilar els esquirols, es gira.

–On vas?

–A buscar l'Eloi.

–Com?

El Barsanufi no pot amagar la cara de preocupació.

–No ho sé.

La Merudina es treu el medalló i l'hi atansa.

–No triguis. No tenim gaire temps.

15

L'ELOI enfoca amb la lot els ulls que el miren sense parpellejar i crida com si el pogués sentir algú.

–El cangur! El cangur! He trobat el cangur!

Els crits ressonen.

El cangur, amb tantes veus alhora, s'esvera i surt de l'amagatall.

L'Eloi prova d'il·luminar-lo amb el raig blanc de la llanterna, però no hi ha manera: el cangur es mou massa de pressa.

–No marxis, no!

El cangur fuig per una galeria.

L'Eloi guarda la llibreta a la motxilla, es penja la corda a l'espatlla i el segueix.

–Vine, no et vull fer res!

El túnel fa molta baixada i s'enfonsa cap al cor del planeta.

–Atura't!

Les cames de l'Eloi s'embalen.

–Espera'm!

El cangur continua corrent. Túnel enllà, passa d'un salt un clot fangós.

L'Eloi el veu massa tard i hi cau.

–Oh, no, arenes movedisses!

Quan els peus toquen la superfície fangosa del clot, però, l'Eloi surt disparat cap amunt.

En lloc de xuclar-lo, les arenes movedisses el sacsegen com si hagués aterrat en un llit elàstic de fira.

L'Eloi no fa gens de força amb les cames, però és igual. Puja i baixa sense poder fer res per parar. Amunt i avall. De genolls, de cul, de panxa.

Les arenes elàstiques bateguen com un cor immens i l'impulsen fins al sostre de la galeria.

–Auxili!

Les paraules de l'ós li volten pel cap: «Aquí res no és el que sembla.»

–Auxili!

L'Eloi sent una remor i mou la lot d'una banda a l'altra per fer-se veure.

El cangur treu el cap per una cantonada del laberint i l'observa atentament.

L'Eloi li llança la corda.

–No te'n vagis! Ajuda'm!

El cangur s'acosta amb desconfiança, dubta, però agafa la corda i l'estira.

–Així, molt bé!

Un cop i un altre, l'Eloi bota gairebé fora del clot, però cada vegada torna al centre.

–Més fort!

El cangur es posa vermell.

–Més!

El cangur fa una última estrebada.

L'Eloi surt del clot i seu. Respira agitadament.

El cangur, menys recelós, s'hi aproxima i el contempla amb el cap inclinat.

L'Eloi se sent com si un gegant l'hagués fet servir de pilota.

–Gràcies, noi. I ara què fem?

L'Eloi recorda el mapa i remena la motxilla per treure'n la llibreta. Ressegueix amb el dit els túnels del laberint i, no gaire lluny del clot d'arenes elàstiques, localitza el camí marcat amb vermell.

–No sé què hi ha al final, però val més això que res. Som-hi?

Precedit per la claror de la lot, l'Eloi camina per les galeries i consulta el mapa de tant en tant. El cangur el segueix. Al cap d'una bona estona, arriben a una gruta amb un llac. La llum que il·lumina les parets i el sostre neix de l'aigua.

L'Eloi apaga la llanterna.

Al voltant de la llacuna, com si fos el jardí d'un palau antic, hi ha un munt d'estàtues. L'Eloi pensa que només hi falten les fonts, la gespa i les flors de colors. Tot plegat, però, li fa una impressió inquietant. Els animals i les persones de pedra, escampats sense cap ordre, tenen cara d'esglai; a més a més, pel posat del cos, sembla que fugin o que es vulguin protegir d'alguna cosa.

El cangur, neguitós, s'enganxa a l'Eloi. Li tremolen les orelles.

Tot d'un plegat, l'aigua comença a bombollejar. Una ombra gegantina n'enfosqueix la superfície.

L'Eloi agafa el cangur per una pota i busca un lloc on amagar-se, però no hi és a temps.

16

D'ENÇÀ QUE HA DEIXAT la Merudina i la Maria, el Barsanufi memoritza el camí per no perdre's: dos túnels a la dreta, un a l'esquerra, tres a la dreta, dos a l'esquerra, un a la dreta...

Avança sense parar durant molta estona. Pensar en l'Eloi li alleugereix les cames. De tant en tant, s'atura i escolta.

De cop i volta, algú crida.

El Barsanufi, guiat per la veu, corre.

–Sóc aquí, Eloi, ara vinc!

Quan entra a la gruta del llac, una serp amb nou caps surt de l'aigua.

L'Eloi, amb cara de pànic, recula.

Les nou boques de la serp, amb dues fileres de dents i una llengua molt llarga, s'obren i es tanquen alhora i els divuit ulls, d'un vermell roent, brillen com fars.

El cangur s'amaga darrere de l'Eloi.

La serp s'apropa amenaçadora a la vora de la

llacuna. Els caps es mouen en totes direccions. Ho vigilen tot.

El Barsanufi ensenya el medalló a l'Eloi.

–El tres i el vuit!

En sentir el Barsanufi, la serp tomba quatre caps.

L'Eloi abraça el cangur i pitja els números 3 i 8 del teclat del medalló. En un no res, es redueixen a l'alçada de mig dit petit i queden darrere d'una pedra.

La serp, amb tres caps arran de terra, escorcolla la riba i els descobreix. Els ulls vermells emeten una ràfega de raigs petrificadors.

L'Eloi s'ajup i l'esquiva, però el cangur no té tanta sort. Queda convertit en una petita estàtua de pedra. L'Eloi se n'allunya per resguardar-se millor.

Mentrestant, el Barsanufi provoca la serp.

–Ei, plat d'espaguetis, sóc aquí!

La serp deixa l'Eloi i fa mitja volta.

El Barsanufi s'hi encara.

–Què vols, pal de fregar?

La serp el travessa amb la mirada.

El Barsanufi té el medalló a punt.

L'Eloi acluca els ulls i espera. Com sempre que té por, ho aprofita per repassar les taules de multiplicar.

–Nou per un, nou; nou per dos, divuit; nou per tres, vint-i-set...

El Barsanufi i la serp, cara a cara, semblen dos pistolers d'una pel·lícula de l'Oest.

La serp ataca primer. Llença els raigs petrificadors.

El Barsanufi prem el medalló i es protegeix darrere d'un mirall.

Els raigs hi reboten i enxampen la serp de ple.

A poc a poc, els ulls perden la roentor i els caps, l'un rere l'altre, es queden immòbils. Un últim udol omple l'aire de la gruta.

L'Eloi obre els ulls.

Al mig de la llacuna, il·luminada per la claror que neix de l'aigua, s'alça l'estàtua de pedra d'una serp amb nou caps.

El Barsanufi voreja el llac per trobar l'Eloi.

–On ets?

L'Eloi mou els braços i crida, però la veu que li surt no arriba enlloc.

El Barsanufi contempla el pedregam que l'envolta.

–Si pitges el vuit i el tres serà més fàcil.

L'Eloi prem les tecles i torna a la mida de sempre. En veure el Barsanufi, corre cap a ell, s'hi aferra i plora. Ja no pot més.

El Barsanufi, comprensiu, l'estreny i deixa que es desfogui, però no està del tot tranquil.

–Va, som-hi. Hem de sortir d'aquí.

–No sense el cangur. Si us plau, ajuda'm a buscar-lo.

–No cal, ja no hi ha cangur que valgui. S'ha acabat.

–No ho diguis, això. Vull endur-me'l.

El Barsanufi afluixa.
Cerquen amb compte de no trepitjar-lo.
L'Eloi el troba i se'l guarda a la butxaca.
–Ja el tinc.
–Anem, doncs. Espero recordar el camí.

17

LA TORNADA es fa molt llarga i feixuga. Les galeries giren, es bifurquen.

El Barsanufi dubta.

–Ara no sé si són dos túnels a la dreta o tres.

L'Eloi calla per no destorbar-lo.

El fred i la humitat penetren fins al moll de l'os. La foscor del laberint, esgarrifosa com l'ombra d'un tauró, els empeny cap a la sortida.

En veure la Merudina i la Maria, però, se n'obliden ben de pressa.

La Maria abraça l'Eloi.

–Per fi! Creia que t'havies perdut per sempre! Què tens als ulls?

L'Eloi es posa vermell. No vol reconèixer que ha plorat.

El Barsanufi se n'adona i li treu les castanyes del foc.

–Hi havia molta pols. Bé, ja podem tornar a casa.

La Maria no sap què pensar.

–I el cangur, que no l'hem de continuar buscant?

L'Eloi se'l treu de la butxaca i l'hi ensenya.

El Barsanufi fa cara de circumstàncies.

–Tanta moguda per no res. No l'hem pogut salvar.

L'Eloi no es resigna.

–Segur que l'ós té una solució.

Tots el miren estranyats.

–És mag, no?

La Merudina s'impacienta.

–Però, què ha passat?

El Barsanufi toca el vidre que els separa dels esquirols.

–Ara no tenim temps. Això no aguantarà gaire.

La Merudina programa els dos medallons que encara funcionen.

–Espero que tinguin prou energia per traslladar-nos de dos en dos. No ho he provat mai.

El Barsanufi i l'Eloi compten.

–Cinc, quatre...

El vidre de l'entrada es comença a desfer.

–Tres, dos, u...

Els primers esquirols envaeixen la cova.

–Zero!

L'Eloi i la Maria noten un pessigolleig pertot arreu i, en cloure els ulls, veuen guspires de tots colors. Les orelles es tapen i els cossos, començant pels peus, desapareixen de mica en mica.

El trajecte no dura gaire, amb prou feines el temps de comptar fins a deu.

En arribar a la cabina, els tubs i els ventiladors s'apaguen. Els cossos, començant pel cap, apareixen de mica en mica. La Maria i l'Eloi no triguen tant a refer-se.

L'ós, davant de les palanques de control, els saluda amb la pota.

L'Eloi, encara mig marejat, s'hi acosta.

–Oi que pots fer alguna cosa?

L'ós no l'entén.

–Fer alguna cosa?

L'Eloi li atansa el cangur.

–Un monstre amb molts caps l'ha deixat així.

L'ós agafa el petit cangur de pedra.

–No sé..., no sé què dir-te. He de consultar els meus llibres.

L'ós, capficat, surt de la sala.

Quan es queden sols, la Merudina insisteix.

–Ara ens podeu dir el que ha passat?

L'Eloi ho explica tot d'una tirada: la cova de l'esquelet, la motxilla, la llibreta, el cangur, les arenes elàstiques, la gruta de la serp, els raigs petrificadors.

La Maria i la Merudina l'escolten en silenci.

El Barsanufi frisa per saber més coses de l'home de la cova.

–On és la llibreta?

L'Eloi la treu de la motxilla.

El Barsanufi la fulleja. En llegeix algun fragment.

La Merudina i la Maria, encuriosides, la miren per damunt de l'espatlla del Barsanufi.

–De qui era l'esquelet?

El Barsanufi continua fullejant la llibreta.

–D'un monstreòleg.

L'Eloi aixeca les celles.

–D'un què?

–D'un expert en monstres. La llibreta és plena d'expedicions i de troballes de bèsties estranyes. Quin tip de viatjar! Ha corregut tota la galàxia. Aquest cop, però, no ha tingut sort.

L'ós entra a la sala.

–Eureka!

Tots el segueixen per un passadís.

–Ha estat més senzill que no em pensava.

Quan els veu, el cangur s'espanta i tracta de fugir. En reconèixer l'Eloi, però, li canvia la cara. S'hi arramba i es fa acaronar.

La Maria riu.

–Crec que li agrades.

L'Eloi, més content que un gínjol, mira l'ós.

–Com t'ho has fet?

L'ós s'afegeix a les rialles de la Maria.

–Secret professional.

18

El BARSANUFI, assegut davant d'una taula plena de menjar, se sent feliç com mai.

–Bé, missió acomplerta, ja només falta que torneu a la Terra. Tot és gairebé a punt.

Després d'haver dormit com soques i d'haver pres un bon esmorzar, l'Eloi i la Maria se senten capaços de qualsevol cosa.

El Barsanufi els mira satisfet.

–Els nostres mecànics han deixat el coet com nou.

La Maria al·lucina.

–Com us ho heu fet per trobar-lo?

La Merudina somriu.

–Ha estat força fàcil. Només calia seguir les fletxes fosforescents. Molt bona idea, Eloi.

–No és meva. És del conte del Polzet, però amb un esprai per pintar cabells en comptes de pedretes.

L'ós treu el nas per la porta.

–Si heu acabat, podem fer una prova.

El Barsanufi, la Merudina, l'Eloi i la Maria s'aixequen i surten.

El coet, envoltat de badocs, resplendeix sota el sol.

El Barsanufi, solemne, allarga la mà cap a la Maria i l'Eloi.

–Bé, ha arribat el gran moment. Teniu una moneda?

L'Eloi i la Maria no l'entenen.

–Una moneda?

–Sí, per engegar el coet.

La Maria no sap quina cara fer.

–No en tenim cap. L'última la vam gastar al parc d'atraccions.

Les seves paraules cauen com una galleda d'aigua freda.

L'ós repassa tothom amb la mirada.

–Algú té un suggeriment?

Després d'uns instants, s'encén la bombeta de la Maria.

–Potser podem fer-ne una.

Un corrent d'optimisme els anima.

El Barsanufi s'entusiasma.

–Bona pensada!

Però la Maria i l'Eloi no es posen d'acord sobre la mida, el gruix, el pes, els dibuixos de les cares i l'olor de la moneda.

Tots els intents fracassen. La màquina sempre nota que es tracta d'una falsificació.

Després d'un dia sencer de provatures, el Barsanufi es dóna per vençut.

–Em penso que només tenim una sortida.

L'Eloi, impacient, s'avança a les preguntes que ronden pel cap de tothom.

–Quina?

–Anar a buscar una moneda.

–On?

–Al forat negre. Diuen que s'hi pot trobar qualsevol cosa.

Tot i que el record del forat negre, amb el xivarri de la boca xucladora i els objectes que hi entraven girant com baldufes, els fa posar els cabells de punta, l'Eloi i la Maria no es volen perdre la nova aventura.

–Quan marxem?

El Barsanufi i la Merudina saben que no en trauran res, de negar-s'hi.

L'ós comparteix l'engrescament de la Maria i de l'Eloi.

–Jo ja m'he quedat una vegada. Acompanyaré l'Eloi i la Maria al forat negre i tornarem amb la moneda. Bufar i fer ampolles.

El Barsanufi es posa seriós.

–No t'oblides de res?

–De l'ogre? Això són contes de la vora del foc.

–Potser sí, però ningú no sap què hi ha dins del forat negre.

L'Eloi es fa el valent.

–Sigui el que sigui, no deu ser pas pitjor que els esquirols o que la serp de nou caps.

–No ho sé, però cal anar amb compte.

La Maria no pot contenir la curiositat.

–De quin ogre parleu?

La Merudina triga a contestar.

–Una llegenda d'HOAX explica que dins del forat negre hi viu un ogre, avar i egoista, que vol tenir-ho tot; una mena de pirata galàctic que es pensa que tot li pertany i que no deixa passar res sense xuclar-ho.

El Barsanufi continua amb veu greu.

–L'ogre del forat negre va ser l'home del sac de la meva infantesa. El feien servir quan em portava malament, quan no m'acabava el menjar del plat o quan em despertava a les nits i no volia dormir. Sempre la mateixa cançó: «Vindrà l'ogre i se t'endurà al forat negre.» Llavors me l'imaginava entrant per la finestra, agafant-me sense fer cas dels meus brams i duent-me cap al fons de la nit estelada, allà on deien que tenia el seu cau.

L'ós, una mica fatxenda, insisteix.

–Contes de la vora del foc.

El Barsanufi no en fa cabal.

–Per si de cas, us acompanyaré fins a l'entrada i us esperaré.

19

LA MERUDINA, amb el cangur agafat perquè no salti cap a la nau darrere de l'Eloi, mou la mà per acomiadar-se.

La Maria i l'Eloi es corden els cinturons i la saluden per la finestra.

L'ós és l'últim a pujar. Deixa un maletí al costat de les motxilles de l'Eloi i de la Maria i seu. Esbufega.

–Quin tip de córrer. Espero no haver-me oblidat res. No m'agraden les presses.

–Què hi portes, aquí dins?

–Un equip bàsic d'encanteris. Sempre el duc quan surto de viatge. Mai no se sap.

El Barsanufi, a la cabina, comprova els comandaments.

–Tot a punt.

Mentre la nau s'enlaira, la Maria i l'Eloi tanquen els ulls. L'ós, tan tranquil, escolta música.

Quan arriben a l'espai, aprofiten el llarg viatge per dormir.

Els desperta la veu del Barsanufi.

–Falten cinc minuts.

L'ós, l'Eloi i la Maria baixen a la bodega de la nau i s'instal·len dins d'una mena de submarí de butxaca.

El comiat del Barsanufi, que dissimula com pot l'amoïnament, sona per l'altaveu.

–Bé, ja hi som. Sort.

La panxa de la nau s'obre i el petit submarí, silenciós com un ocell, s'endinsa en la foscor.

A través del vidre, veuen el forat negre. Una munió d'objectes s'hi apropa a tota velocitat donant voltes. N'hi ha pertot arreu. Satèl·lits i meteorits, avions i vaixells, animals i arbres, mobles i electrodomèstics, joguines i llibres, llaminadures i calcomanies, vagons de tren i bicicletes, bústies i fanals, fruites i ampolles, estàtues i fonts.

L'Eloi i la Maria s'empassen saliva.

El brogit és eixordador.

L'ós condueix cap a la boca xucladora.

–Si això funciona com cal, ens podrem estalviar les tombarelles i el mareig.

Amb els motors del submarí a la màxima potència, entren al forat negre sense fer giravoltes. Tot tremola. Un cop dins, una gran comporta de metall s'ajusta darrere seu. Els objectes es queden flotant i, a poc a poc, baixen suaument fins a terra. Unes torres plenes de focus il·luminen un magatzem immens, on formigueja un exèrcit de grues i de robots. Els autòmats agafen els objectes i els distribueixen en cintes transportadores.

L'Eloi s'ho mira bocabadat.

–Què és tot això?

L'ós obre l'escotilla del submarí i topa amb dos robots armats amb fusells desintegradors.

–Ni idea, però no trigarem a saber-ho.

Els robots els condueixen a una gran sala de control amb un finestral que dóna al magatzem on han deixat el submarí.

Al mig de l'estança, d'esquena a la porta, hi ha algú assegut davant d'una pila de pantalles d'ordinador.

–Benvinguts al forat negre.

L'ogre es gira. Té els ulls molt separats, com un camaleó; el lloc que hauria d'ocupar el nas és pla; les dents, fosques i petites, xerriquen; la pell, d'un verd pàl·lid, gairebé transparent, mostra el que hi ha dessota; les mans i els peus, molt grossos, surten d'un vestit d'argent, que enlluerna com una bombeta massa forta.

En veure la Maria i l'Eloi, els observa detingudament, sense poder amagar la sorpresa.

–No tinc res com vosaltres. D'on sou?

–De la Terra.

–Terrícoles, fantàstic! No sabia que poguéssiu arribar tan lluny.

–Nosaltres tampoc.

L'ós estossega per fer-se notar.

L'ogre consulta l'ordinador.

–En tinc a cabassos com tu. Grisos, bruns, polars, negres, tibetans...

L'ós s'ofèn.

–Però segur que cap no parla.

L'ogre torna a consultar l'ordinador.

–No, ara com ara, no. Tu ets el primer. Què heu vingut a fer? Perquè suposo que això no és una casualitat, oi?

L'Eloi tempta la sort.

–Hem vingut a buscar…

L'ogre l'interromp, furiós.

–A buscar? No heu vingut a buscar res, perquè aquí no hi ha res que us pugueu emportar. Tot és meu, meu i de ningú més, i no m'agraden els intrusos.

L'Eloi no cedeix.

–És que només necessitem una moneda. Una moneda i prou. No et molestarem mai més.

L'expressió de l'ogre es fa més aspra.

La Maria prova d'estovar-lo.

–Sense la moneda no podrem tornar a casa.

L'ogre fa una rialleta.

–Tornar a casa? Em penso que no ho heu entès. D'aquí no en surt res ni ningú. Mai.

20

L'OGRE els dóna l'esquena.

–Demà entraré la vostra fitxa a l'ordinador i tindreu un espai per viure al magatzem. No trigareu a oblidar el lloc d'on veniu. Bona nit.

La Maria se li planta al costat.

–Però...

–Bona nit!

Els robots els empenyen a una habitació i es queden fent guàrdia a la porta.

L'Eloi s'estira a la llitera.

–Crec que no serà bufar i fer ampolles.

L'ós es rasca el cap.

–No, em penso que no. El Barsanufi tenia raó.

La Maria treu foc pels queixals.

–Quin paio més antipàtic! Com sortirem d'aquí ara?

L'ós, tot cofoi, els mostra el maletí.

–Com hem entrat, però abans cal que tota aquesta gent faci una becaina.

L'ós obre el maletí i en treu uns quants potets de vidre.

–Dues pestanyes d'un nyu de cua blanca, un ullal corcat d'un liró rogenc, unes raspadures del bec d'un tucà de gola groga, un branquilló de corall blau i..., i...

L'ós regira l'interior del maletí i remuga.

–Oh, no. Ja sabia jo que amb les presses... Sempre la mateixa història.

La Maria i l'Eloi es passen els potets de vidre.

–Què?

–M'he deixat un ingredient, el més important: la caputxa de la son.

–Què és una caputxa de la son?

–La fulla d'un arbre. Són com caputxes i s'agrupen formant una mena d'hèlix.

La Maria obre la motxilla.

–Jo en tinc una, en tens prou?

–Pitjor seria no tenir-ne cap. D'on l'has treta?

–De l'arbre on va caure el coet. Em va fer gràcia i la vaig guardar.

L'Eloi no ho acaba d'entendre.

–I com t'ho faràs perquè es beguin aquesta potinga?

L'ós afegeix la fulla trinxada a la resta d'ingredients i assenyala el sostre.

–No se la beuran pas. L'enviaré pels tubs de ventilació.

–I els robots també s'adormiran?

–No, amb això només, no. He de posar-hi deu

gotes de gel polar. Els rovella durant una bona estona.

L'ós acaba la poció i, en remenar-la, comença a sortir-ne un fum blavós.

–Bé, això funciona, però ja cal que correm, perquè l'efecte no durarà gaire.

L'ós puja a una cadira, treu una reixeta del sostre i diposita la poció fumejant dins del tub.

–Ara només és qüestió de tapar-se el nas i la boca i d'esperar.

No triguen a sentir un terrabastall metàl·lic.

L'ós somriu.

–Crec que ja ha fet efecte. No falla mai.

Darrere de la porta, els dos robots jeuen estesos.

L'Eloi, la Maria i l'ós van d'un passadís a l'altre i entren a la sala de control.

L'ogre dorm com un tronc.

L'Eloi seu davant dels ordinadors i tecleja.

L'ós vigila el magatzem.

–Afanya't, no tenim gaire temps.

–Faig el que puc. No havia vist mai aquest sistema operatiu. Primer cal desblocar el codi d'accés.

L'ós i la Maria no diuen res per no atabalar-lo.

L'Eloi no perd la calma. Ho intenta una vegada i una altra.

–Bé, això ja està. Les monedes són a la secció trenta-quatre H del pavelló vuitanta-dos C.

L'ós no s'ho fa repetir.

–Som-hi, doncs.

La Maria i l'ós surten de la sala i busquen els indicadors dels pavellons i de les seccions.

L'Eloi es queda davant de l'ordinador. Tecleja gairebé sense mirar les pantalles.

L'ós, en adonar-se que l'Eloi no els segueix, gira cua i torna a la sala.

–Què hi fas aquí encara?

L'Eloi dissimula.

–Ah, no res... Secret professional.

21

La SECCIÓ 34H del pavelló 82C és un magatzem immens, alt de sostre i amb compartiments i prestatgeries interminables. Pel camí han travessat un munt de magatzems idèntics, plens de tot el que l'ogre ha acumulat durant anys.

L'Eloi treu un paper de la butxaca.

–Segons l'ordinador, les monedes han de ser al nivell divuit de la prestatgeria vint-i-dos, en una capsa amb el número cent trenta-sis.

Amb l'Eloi al capdavant, segueixen els rètols fins a la prestatgeria 22.

No hi ha cap escala a la vista.

La Maria s'enfila fins al nivell 18 i busca la capsa 136.

–Ja la tinc.

L'obre.

–Bufa, quantes monedes!

La Maria baixa la capsa i la deixa a terra.

Hi seuen al voltant i comencen a buidar-la.

Tot i que li han explicat com és la moneda que necessiten, l'ós tem que li passi per davant del nas sense distingir-la.

–Aquesta?

–No, la cara és d'un rei, no d'una reina.

–I aquesta?

–No, el rei no porta corona.

–Ara sí!

–No, tampoc, ha de ser daurada.

La moneda no surt i la capsa és gairebé buida.

Ningú no diu res, però tots tres comencen a pensar en la possibilitat que l'ogre no tingui la moneda que busquen.

L'Eloi s'empipa.

–Però no dèieu que hi havia de tot aquí?

L'ós mou el cap.

–Jo també m'ho pensava.

La Maria s'aixeca amb una moneda a la mà.

–Guaita-la!

L'ós no vol entretenir-se.

–Apa, doncs, sortim d'aquí.

Però l'Eloi i la Maria no l'escolten. Ara que ja tenen el que volen, es deixen dur per la curiositat. Pugen i baixen de les prestatgeries. Ho tafanegen tot.

–Mira què hi ha aquí! Mai no havia vist tantes guardioles juntes.

–I aquí hi ha una pila de peixeres.

–I cantimplores!

–Quina passada!

L'ós, atent a qualsevol soroll, vigila.

–Va, nois, no ens hauríem d'adormir. Anem? Es poden despertar…

L'udol d'una alarma l'interromp.

L'Eloi baixa de la prestatgeria d'un salt i corre amb l'ós cap a la porta.

La Maria queda endarrerida.

L'ós i l'Eloi l'esperen al passadís. Abans d'arribar-hi, però, la Maria els veu desaparèixer darrere d'una comporta de metall que es tanca.

La Maria, sola, fa marxa enrere i repassa les parets per localitzar una altra sortida.

Una riallada terrorífica la corglaça.

La Maria es gira.

L'ogre i tres gossos metàl·lics, brillants sota la claror blanca, li claven els ulls.

La Maria s'endinsa pel magatzem. No sap cap on tirar.

–Que no s'escapi!

La segueix l'espetec metàl·lic de les potes dels gossos.

La Maria corre entre les prestatgeries i, quan arriba al final de la sala, creua una porta oberta. L'acull un altre magatzem, idèntic a l'anterior, alt de sostre i amb compartiments i prestatgeries interminables.

L'ogre riu.

La Maria continua corrent. El cor li batega com un tam-tam. Sent els gossos més i més a prop. Borden. Pot sentir-ne el frec de les articu-

lacions. Per despistar-los, puja per una prestatgeria.

Els gossos esperen remenant la cua.

La veu de l'ogre sona mig nuada de tant córrer.

–Va, amunt. Ja és nostra.

Mentre escala, la Maria els llença tot el que troba.

Els gossos, però, no s'aturen. Les potes, com si fossin imants, s'agafen als prestatges.

La Maria xiscla.

De sobte, però, quan gairebé els pot tocar amb la mà, els gossos reculen.

L'ogre els escridassa.

–Amunt, he dit! Que no em sentiu?

Els gossos l'encerclen, amenaçadors. Els ullals guspiregen. L'ogre prova de fugir.

Els gossos li barren el pas. Grunyen.

La Maria no entén res, però tant li fa. Baixa de la prestatgeria i voreja els gossos i l'ogre. Surt al passadís i recolza l'esquena en una de les parets. Respira fondo.

Una munió de gossos metàl·lics surt de la cantonada i s'hi apropa.

La Maria espera la primera queixalada amb els ulls tancats.

Però els gossos passen de llarg i entren al magatzem.

La Maria, cames ajudeu-me, se n'allunya.

22

La Maria troba l'Eloi i l'ós a la sala de control. Procuren calmar-la, però no els deixa dir res. Les paraules es trepitgen: l'ogre, els gossos de metall, la persecució, els lladrucs, la remor de les potes, l'escalada de la prestatgeria...

Quan acaba, l'Eloi somriu. L'ós el mira.

–Això és cosa teva, oi?

–Sí, un cop dins de l'ordinador, canviar el programa dels robots sí era bufar i fer ampolles.

La Maria s'hi encara.

–Si era tan fàcil, per què han trigat tant a canviar de bàndol? Per què has deixat que em perseguissin durant tanta estona?

L'Eloi arronsa les espatlles.

–No sé on em vaig equivocar.

La Maria l'escarneix.

–No sé on em vaig equivocar. I ja està? Tres gossos amb dents de ferro estan a punt de convertir-me en el seu menú i no saps on et vas equivocar? Quin geni de la informàtica!

La Maria i l'Eloi callen i es miren fixament. Com sempre que discuteixen, només han d'esperar que un dels dos, avergonyit per la situació, comenci a riure per sota el nas. Com ara. L'Eloi és el primer. I la Maria s'hi afegeix amb una rialla sorollosa.

L'ós respira tranquil.

–El Barsanufi ens espera.

L'Eloi guaita pel finestral. El submarí de butxaca continua al mig del magatzem. Les grues, els robots i les cintes transportadores no funcionen.

Surten de la sala i segueixen les indicacions que duen al magatzem.

La Maria camina a poc a poc. A mesura que s'hi apropa, el cor li diu que encara no pot marxar. Encara no.

–Comenceu a passar. Ara vinc.

–On vas?

La Maria recula. D'ençà que sap la història de l'ós, no ha parat de pensar-hi. Les seves paraules li vénen com una cançó: «I no pots fer-hi res? Ara com ara, no. Tinc la fórmula del beuratge per tornar a ser com abans, però em falta un ingredient: purpurina d'ala de fada. He provat de fer-la al laboratori, perquè aquí, a HOAX, no n'hi ha, de fades, però no me'n surto. Impossible.» Ara ho té clar. La Maria recorda haver vist, durant la persecució pels magatzems, una fada dins d'una gàbia.

–On vas!?

–He oblidat una cosa.

23

LA GENT s'ha reunit al voltant del coet per veure l'Eloi, la Maria i el cangur. Tothom se'n vol acomiadar.

La Merudina i el Barsanufi, amb un nus a la gola, els donen un paquet.

–Perquè penseu en nosaltres.

La Maria i l'Eloi el desfan i en treuen dues samarretes amb els colors i el dibuix de la família del Barsanufi i de la Merudina.

–Espero que siguin de la vostra talla.

L'Eloi i la Maria se les posen i, amb els ulls entelats, salten al coll de la Merudina i del Barsanufi per fer-los un petó.

–Gràcies.

L'ós surt del coet.

–Tot és a punt. El pilot automàtic, el menjar, el jaç per al cangur...

La Maria i l'Eloi s'hi acosten.

–Tenim un regal per a tu.

L'ós, amb l'esguard il·luminat per la sorpresa,

agafa la fada amb les dues potes, amb por de fer-li mal.

La Maria li pica l'ullet.

–L'hi he explicat tot. No passa res si li agafes una mica de purpurina de les ales.

L'ós s'emociona.

–Gràcies, no us oblidaré mai.

L'Eloi i la Maria li fan una abraçada.

La gent, com si fos el final d'una obra de teatre, aplaudeix.

El Barsanufi va amunt i avall fent fotografies. Ara que ja no representa cap perill, tothom vol tenir-ne una amb el cangur.

La Maria i l'Eloi pugen al coet.

–Si ens necessiteu un altre cop, ja sabeu on som.

Es treuen les motxilles i seuen.

La Maria allarga la mà.

–Tens la moneda?

L'Eloi gira el cap amb cara d'espant.

–Però si la tenies tu.

–Jo?

–Sí, tu!

–No, jo no la tinc.

L'Eloi es desespera.

–I què fem ara?

La Maria treu la moneda de la butxaca.

–Era una broma!

L'Eloi li fa una ganyota.

–Molt graciosa.

El cangur entra d'un salt.

L'ós, el Barsanufi i la Merudina els fan adéu amb la mà.

La Maria fica la moneda pel forat.

Després d'uns instants de silenci, una veu comença a comptar.

–Deu, nou, vuit...

L'Eloi i la Maria, tot i haver-s'ho passat molt bé, frisen per tornar a casa.

–Set, sis, cinc...

Un brogit de motors omple la cabina. Com més va, més eixordador.

–Quatre, tres, dos, u...

El coet tremola com una rentadora a l'hora de centrifugar.

–Zero!

La remor creix. El coet s'enlaira i accelera. Un verd molt intens brilla darrere de les finestres. L'aire espurneja com el reflex del sol en un mirall. Una pressió impossible d'aguantar els esclafa contra els seients, els clou les parpelles, els deixa gairebé sense respiració. Fa una calor insuportable. Durant una bona estona, la Maria i l'Eloi perden el món de vista.

En obrir els ulls, els acull un cel negre i ple d'estels. El mateix cel del planetari o de les pel·lícules d'aventures espacials. Només hi falta algun cometa amb una llarga cua de foc o alguna nau brillant. Tot sembla que es mogui a càmera lenta.

Durant el llarg viatge de tornada, nerviosos i sense ganes de dormir, l'Eloi i la Maria no paren de xerrar. Del que faran en arribar a casa, del que explicaran als pares i als amics, del que caldrà fer per tornar el cangur a casa seva.

La Terra apareix a l'horitzó. A mesura que s'hi aproxima, el coet agafa més embranzida i s'escalfa. Les parets cremen.

Després de travessar un mar de núvols, els llums de la ciutat els donen la benvinguda. Anuncis, finestres, fanals, cotxes.

La Maria i l'Eloi no han de fer res.

El coet, guiat pel pilot automàtic, entra a la sala de jocs. Els motors emmudeixen. No hi ha ningú. Les màquines de marcians i els cotxes de carreres reposen després d'un dia molt llarg. La porta del coet s'obre sense problemes.

En sortir de la sala, l'Eloi, la Maria i el cangur s'acosten a la sortida del parc d'atraccions. Tot segueix igual. Com si el temps s'hagués aturat durant la seva absència, els altaveus anuncien l'hora de plegar: «Hem arribat a les deu del vespre. En aquest moment queden tancades totes les atraccions del parc. Desitgem que hagin passat un bon dia i esperem tornar a veure'ls ben aviat. Bona nit.»

Els pares són a la porta principal.

La Maria i l'Eloi, lluint les samarretes del Barsanufi i de la Merudina, corren i s'hi abracen.

Els pares es miren sorpresos.

–Però si només fa dues hores que no ens vèiem!

El cangur, una mica apartat, ho contempla tot amb un somriure d'orella a orella.